DES

DE LA RAISON SOCIALE

DANS LES

SOCIÉTÉS COMMERCIALES

PAR

Emile LECOUTURIER

AVOCAT A LA COUR D'APPEL DE PARIS

Extrait du Journal « LA LOI »

PARIS

AUX BUREAUX DU JOURNAL *LA LOI*
9, rue de la Sainte-Chapelle, 9

1905

DES
ABUS DE LA RAISON SOCIALE

DANS LES

SOCIÉTÉS COMMERCIALES

PAR

Emile LECOUTURIER

AVOCAT A LA COUR D'APPEL DE PARIS

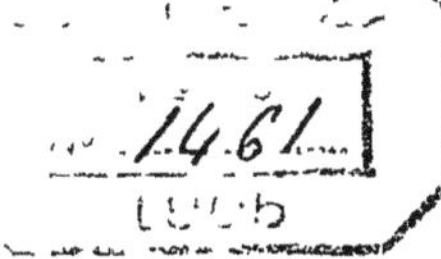

Extrait du Journal « LA LOI »

PARIS

AUX BUREAUX DU JOURNAL *LA LOI*

9, rue de la Sainte-Chapelle, 9

—

1905

DES

ABUS DE LA RAISON SOCIALE

DANS LES

SOCIÉTÉS COMMERCIALES

Il arrive assez fréquemment que le gérant d'une société en nom collectif abuse de la signature sociale au détriment de la société et dans son intérêt personnel. Il se fait, par exemple, livrer des marchandises ou remettre des fonds personnellement, et se libère au moyen d'un effet revêtu de la signature sociale. Lorsque l'effet arrive à échéance, la société refuse de payer et se laisse assigner en paiement. C'est surtout au moment où la société est à la veille de la ruine que ces abus sont commis le plus souvent, ce qui explique que les procès engendrés par les contestations de cette nature s'engagent d'ordinaire entre le liquidateur judiciaire ou le syndic de la société et le porteur de la traite revêtue de la signature sociale. Quelquefois la société ou ses représentants se prévalent, non pas seulement de l'abus de mandat dont le gérant s'est rendu coupable, mais encore d'une clause des statuts qui interdisait au gérant, soit de faire certains actes déterminés, soit de disposer de la signature sociale pour d'autres affaires que les affaires de la société. Quels sont en pareil cas les droits des tiers ? Quel est l'effet des clauses de ce genre vis-à-vis d'eux ? Dans quelle mesure leur sont-elles opposables ? C'est ce que nous voudrions rechercher ici. La question est d'autant plus intéressante au point de vue pratique que les effets de commerce créés dans ces conditions arrivent presque toujours entre les mains d'un banquier avant l'échéance et que la société se trouve aux prises, non pas avec celui qui avait traité avec le gérant infidèle, mais avec ce banquier. Ce sont donc principalement les intérêts des banquiers, grands et petits, qui sont ici en jeu.

Si l'on devait s'en tenir littéralement au texte de l'article 22 du Code de commerce, il faudrait décider que la société est engagée par cela seul que le titre de créance est revêtu de la signature sociale, et sans aucune exception. En effet il est ainsi conçu : « Les asso- « ciés en nom collectif indiqués dans l'acte de société « sont solidaires pour tous les engagements de la société, « encore qu'un seul des associés ait signé, *pourvu que* « *ce soit sous la raison sociale* ». Il semble donc bien résulter de là que la signature sociale engage la société envers celui qui l'a obtenue, sans qu'il ait besoin de faire aucune autre preuve, et quelles que soient les circonstances dans lesquelles la signature sociale a été donnée.

Mais il suffit de réfléchir un instant pour se convaincre que cette proposition ne peut pas être exacte dans son absolue généralité. D'abord il faut que la signature sociale ait été donnée par celui des associés qui en disposait, car les statuts ne la confèrent pas à tous les associés. En outre l'équité élémentaire commande d'admettre une exception à cette règle pour le cas où le tiers qui se prétend créancier de la société aurait été complice de l'abus de mandat commis par le gérant. Supposons que celui-ci ait remis à son tailleur, en paiement des vêtements qui lui avaient été fournis, un effet revêtu de la signature sociale ; ce tailleur pourra-t-il s'en prévaloir pour soutenir avec quelque chance de succès qu'il est créancier de la société ? Non, certainement, car il savait, à n'en pas douter, que la société n'a jamais entendu prendre à sa charge les vêtements de ses membres.

On voit, par ce seul exemple, que la disposition de

l'article 22 ne doit pas être acceptée telle quelle, dans ses termes absolus, et qu'elle comporte certaines exceptions. Mais comment déterminera-t-on ces exceptions ? C'est à ce travail que la jurisprudence s'est livrée en remontant aux principes généraux du droit ; nous allons essayer de l'exposer.

Les principes applicables à la question qui nous occupe sont ceux de la théorie du mandat. C'est en effet parce que le gérant est mandataire qu'il engage la société, et, par voie de conséquence, tous les associés solidairement. S'il est seul gérant, il est le mandataire de son ou de ses coassociés ; lorsque tous les associés sont gérants, ils sont censés mandataires l'un de l'autre. Il est donc naturel de se référer aux principes généraux du mandat pour résoudre le problème.

La responsabilité du mandant est déterminée par l'article 1998 du Code civil, aux termes duquel : « Le « mandant est tenu d'exécuter les engagements con- « tractés par le mandataire conformément au pouvoir « qui lui a été donné. Il n'est tenu de ce qui a pu être « fait au delà qu'autant qu'il l'a ratifié expressément ou « tacitement ». Cette disposition comprend deux propositions : 1º tant que le mandataire agit conformément à son pouvoir, il oblige le mandant ; 2º s'il dépasse ces limites, le mandant cesse d'être obligé, à moins qu'il ratifie l'acte de son mandataire. Il tombe sous le sens que si le mandataire qui a été chargé d'acheter un mobilier de maison achetait un immeuble, le mandant ne serait pas engagé par cette acquisition, qui excédait manifestement ses pouvoirs.

Aussi bien ce n'est pas dans ces termes que se pose la question que soulève l'interprétation de l'article 1998. Pour que le mandant soit engagé envers la personne avec qui le mandataire a traité, il suffit que cette personne se soit assurée qu'il possédait bien le pouvoir de passer l'acte qui est intervenu. Du moment qu'elle a eu le soin de prendre cette précaution, le mandant sera tenu envers elle. Mais il peut arriver que, tout en se conformant en apparence à son mandat, le mandataire ait abusé en réalité de la confiance de son mandant. Les auteurs supposent, par exemple, que le mandataire a été chargé d'emprunter une somme d'argent déterminée, qu'il a conservé sa procuration après avoir fait cet emprunt et qu'il en a abusé pour en faire peu après un second, dont il a gardé les fonds pour son usage personnel. En apparence, aux yeux des tiers, il était mandataire pour faire ce dernier emprunt, puisqu'il avait entre les mains la procuration de l'emprunteur, tandis qu'en réalité il a commis un véritable abus de confiance vis-à-vis de son mandant. La question est de savoir si celui-ci sera néanmoins tenu envers le prêteur.

Tous les auteurs résolvent la question affirmativement. Le prêteur ayant pris la précaution de se faire représenter la procuration dont le mandataire était investi, il n'y a aucune faute à lui reprocher. Au contraire le mandant s'est montré négligent en ne retirant pas la procuration à son mandataire dès que la première opération avait été réalisée. En d'autres termes, le prêteur avait toutes raisons de penser qu'il se trouvait en présence d'un mandataire dûment et régulièrement autorisé; il lui était impossible de savoir que ce mandat était usurpé ou déjà épuisé. Tant pis pour le mandant s'il n'a pas fait le nécessaire pour rendre impossible un tel abus! Il est responsable envers les tiers des conséquences de sa faute.

« Un acte, disent MM. Aubry et Rau, est, en ce qui
« concerne les tiers, censé fait dans les limites du
« mandat lorsqu'il rentre dans les termes de la procu-
« ration, *quand même le mandataire aurait, en rai-*
« *son de circonstances inconnues à ceux avec les-*
« *quels il a traité, excédé en réalité les bornes de ses*
« *pouvoirs.* »

M. Paul Pont proclame le même principe : « La
« question de savoir si le mandataire est resté dans
« les termes de la procuration se résout à l'égard

« des tiers *d'après le contenu apparent de la procu-*
« *ration.* Il suffit donc, comme l'exprime Pothier,
« pour que le mandataire oblige le mandant envers
« celui avec qui il contracte, que le contrat *paraisse*
« renfermé dans la procuration. En effet, dès que les
« tiers se sont fait représenter la procuration — et c'est
« une précaution qu'ils doivent prendre en général —
« ils ont fait tout ce que la prudence leur commandait
« de faire, et la confiance qu'ils ont accordée à la per-
« sonne du mandant sur la foi de cette procuration ne
« doit être trompée sous aucun prétexte. Il peut dès
« lors arriver qu'un acte soit fait, en réalité, en dehors
« des limites du mandat, si l'on en juge par ce qui a
« été entendu entre le mandant et le mandataire, et
« que cependant il doive être maintenu au regard des
« tiers comme fait en exécution du mandat. »

La jurisprudence a décidé bien des fois, elle aussi,
que le mandant est tenu envers le tiers, lorsque celui-
ci était autorisé par les apparences à considérer le
mandataire comme régulièrement investi de son mandat et comme autorisé à passer l'acte qui est intervenu
entre eux. Si, par exemple, la procuration était conçue
en termes ambigus et rendant possible une erreur de la
part des tiers quant à l'étendue du mandat, le mandant en sera responsable (Cassat., 25 mars 1892). De
même si le mandant a imprudemment confié au mandataire un blanc-seing dont celui-ci a abusé pour contracter vis-à-vis d'un tiers de bonne foi des engagements excédant la limite de ses pouvoirs (Cassat., 13
février 1883). De même encore lorsque les instructions
qui restreignaient les pouvoirs donnés par le mandant
au mandataire n'ont pu être connues des tiers avec
qui le mandataire a contracté (Cassat., 11 avril 1876).

Ces décisions sont conformes à l'équité et aux principes généraux du droit civil. Dans les cas de ce genre, il
est juste de faire retomber les conséquences de l'infi-
délité du mandataire, non pas sur le tiers qui n'a
traité avec lui qu'après avoir vérifié ses pouvoirs et
sans commettre la moindre imprudence, mais sur le
mandant qui a eu le tort de mal placer sa confiance.

Tant pis pour lui si son mandataire en abuse ! D'autre part, il est une règle bien connue, c'est que chacun de nous est responsable des dommages qui sont causés par le fait des personnes dont il doit répondre ; notamment les commettants sont responsables du dommage causé par leurs préposés dans les fonctions auxquelles ils les ont employés. Si l'on admettait la nullité de l'engagement à raison de ce qu'il excédait la limite des pouvoirs du mandataire, celui-ci se trouverait de la sorte avoir, par l'abus dont il est coupable, causé un préjudice au tiers qui l'a cru autorisé à traiter avec lui, et le mandant devrait en répondre, en vertu du principe qui vient d'être rappelé, de sorte que, à tous les points de vue, il est juridique de décider qu'il ne pourra pas échapper à l'action que ce tiers dirigera contre lui.

Mais les auteurs s'empressent d'ajouter que cette règle n'est exacte qu'autant que la personne qui a traité avec le mandataire infidèle n'était pas de mauvaise foi. Si, dit M. Pont, tout acte fait par le mandataire au nom du mandant oblige ce dernier dès que l'acte est ou paraît renfermé dans les termes de la procuration, c'est à la condition que les tiers qui ont traité avec le mandataire étaient de bonne foi. C'est qu'en effet la considération de la bonne foi joue un rôle considérable dans les solutions données par la loi relativement aux questions nées du mandat. Ainsi, d'après l'article 2005 du Code civil, les tiers qui ont traité avec le mandataire postérieurement à la révocation de son mandat seront cependant considérés comme les créanciers du mandant s'ils sont de bonne foi. De même, ceux qui ont traité avec le mandataire après la mort du mandant n'en souffriront pas, s'ils sont de bonne foi, c'est-à-dire s'ils l'ont ignorée (art. 2009). L'application de la même idée conduit à admettre une exception au principe général de l'article 1998 pour le cas où le tiers qui a traité avec le mandataire infidèle ne serait pas lui-même de bonne foi ; si ce tiers savait que le mandataire n'était pas en réalité autorisé à passer l'acte en question ou qu'il le passait abusivement dans son

intérêt personnel et non pas dans l'intérêt social, il ne
mérite plus la protection de la loi.

.
. .

A la lumière de ces principes, l'interprétation de
l'article 22 du Code de commerce devient singulière-
ment facile. La loi, supposant que la signature sociale
appartenait au signataire du titre invoqué par le créancier, décide que la société est tenue de tous les enga-
ments pris sous la raison sociale. Cela continuera-
t-il d'être vrai même s'ils ne concernaient pas l'intérêt
social, même s'ils sont l'œuvre d'un gérant infidèle qui
a gardé les fonds pour lui-même ? Oui, parce que les
tiers ne pouvaient point supposer que l'engagement
ne concernait pas l'intérêt social. Il appartient à la
société de choisir mieux son gérant et de surveiller
ses agissements. Si elle a mal placé sa confiance, il est
juste qu'elle en supporte les conséquences.; en tous
cas, les tiers de bonne foi ne sauraient en souffrir.

Cette dernière idée se trouve en particulier très nettement exprimée dans un arrêt de la Cour de Nancy
du 26 février 1890 : « Attendu que vainement Durr
« prétend que la traite dont le paiement est réclamé
« était sans cause et n'avait été acceptée par Heidel que
« par une complaisance coupable envers le tireur et par
« suite d'un véritable abus du mandat qui lui avait été
« conféré ; que cette allégation, fût-elle exacte, ne
« pourrait avoir pour conséquence de soustraire l'in-
« timé à la responsabilité qu'il a pu encourir à l'égard
« des tiers, à raison d'une faute commise par son man-
« dataire infidèle dans l'exercice même de son mandat;
« qu'en effet, aux termes de l'article 1384 C. civ., les
« commettants sont responsables du dommage causé
« par leurs préposés dans les fonctions auxquelles ils
« les ont employés; que cette responsabilité a pour
« fondement une présomption de faute de la part du
« commettant dans le choix imprudent qu'il a fait d'un
« préposé infidèle ou impropre aux fonctions qu'il lui

« destinait; mais qu'il serait contraire à tous les princi-
« pes et aux notions les plus élémentaires de l'équité
« que les tiers qui ont traité de bonne foi avec ce préposé,
« désigné à leur confiance par son commettant lui-
« même et au choix duquel ils sont demeurés étran-
« gers, fûssent, à un titre quelconque, responsables des
« fautes par lui commises dans l'exécution de son
« mandat et dont ils seraient les premières et les seules
« victimes. » (Dalloz, 1890, II, 347).

Mais il est bien entendu que cette règle ne profitera
qu'aux tiers de bonne foi. La mauvaise foi est assimi-
lée en pareil cas à la fraude, qui vicie tout. De telle
sorte que, si le prétendu créancier de la société était
convaincu de mauvaise foi, sa demande devrait être
repoussée. « Cette présomption qui s'induit de l'emploi
« de la raison sociale n'est pas, à vrai dire, dit M. Pont,
« une présomption *juris et de jure*, une présomption
« légale excluant toute preuve contraire... Il faut tenir
« compte des circonstances... Ainsi lorsque, par son ob-
« jet même, un engagement apparaît avec évidence
« comme ne concernant en aucune façon les affaires
« de la société, il est clair que la signature apposée
« par le gérant sous la raison sociale ne saurait lier les
« associés... Supposons que le gérant d'une société
« constituée pour faire un commerce de bois ou de
« vins achète des marchandises propres à un tout autre
« commerce, par exemple, des draps ou des étoffes, les
« associés seraient assurément en droit de prétendre
« que l'engagement n'est pas social, quand bien même
« il aurait été signé de la signature sociale... (Nos 1396
« et 1397). » Tous les auteurs sont du même avis.

Reste à déterminer en quoi consiste, dans chaque
espèce, la mauvaise foi de celui qui aura traité avec le
gérant infidèle. C'est ici que commence la véritable difficulté du sujet. On a essayé, pour la résoudre, de
poser des règles générales, mais nous doutons fort
qu'elles puissent fournir la solution de ces questions,
qui sont avant tout des questions de fait. Il importe
toutefois de signaler immédiatement un principe sur

lequel la jurisprudence et la doctrine sont d'accord. Il ne suffirait pas, déclarent-elles unanimement, pour établir la mauvaise foi du tiers, de démontrer la nature personnelle de la dette du gérant, car les tiers ont pu croire que, par suite d'arrangements entre associés, cette dette était devenue une dette sociale, ou bien que le gérant avait été autorisé à se servir pour ses affaires personnelles de la signature de la société, comme cela peut arriver à raison de l'intérêt qu'a la société au maintien du crédit de son gérant (Lyon-Caen et Renault, II, n° 292).

« Attendu, en droit, disait la Cour de cassation le
« 22 avril 1845, que, s'il est vrai qu'en se donnant réci-
« proquement le pouvoir d'obliger la société par la
« signature sociale, les associés n'ont pour objet que
« les affaires de la société, il est vrai aussi que chacun
« des associés, investi du droit d'obliger la société, est
« présumé, hors le cas de dol et de fraude, avoir fait, en
« donnant la signature sociale, une affaire qui inté-
« ressait la société même en traitant avec un de ses
« créanciers personnels, même en donnant un caution-
« nement, les affaires sociales étant en général fort
« complexes et souvent très multiples... »

La même idée se retrouve dans un arrêt du 7 mai 1851 : « Attendu que l'article 22 est fondé sur la pré-
« somption que l'engagement souscrit de la raison
« sociale a été pris dans l'intérêt de la société ; que cette
« présomption ne tombe pas devant le seul fait que la
« signature sociale aurait été donnée en paiement d'une
« dette personnelle à l'un des associés ; qu'au milieu
« des opérations compliquées d'une société de com-
« merce, il peut arriver souvent que les associés, soit
« pour couvrir le crédit de l'un d'eux, étroitement lié
« au crédit de la société, soit pour faciliter la réalisa-
« tion d'une mise sociale profitable à tous, ou pour
« s'assurer une collaboration personnelle indispensa-
« ble, ou pour toute autre cause, aient intérêt à venir en
« aide à l'un des associés ; que l'emploi de la signature
« sociale fait précisément présumer cet intérêt et le

« consentement de la société vis-à-vis des tiers, sauf le
« recours contre l'associé qui, licitement ou par abus,
« a tiré profit du fonds commun ; que ces principes ne
« sauraient recevoir d'exception que dans le cas où le
« tiers porteur du titre social aurait agi avec mauvaise
« foi, subrepticement, clandestinement, de façon à in-
.« duire la société en erreur, *ou dans le cas où le tiers*
« *n'aurait pas pu croire sérieusement et de bonne*
« *foi au consentement exprès ou tacite des autres*
« *associés...* » (Cass., 7 mai 1851, D. 1851. 1. 254).

Cette jurisprudence est conforme à l'opinion des auteurs. M. Paul Pont avait déjà fait remarquer que la
société a pu avoir l'intention de s'engager, bien que
l'affaire ne concernât que le gérant exclusivement, et
que, par exemple, elle pouvait avoir intérêt à payer
pour lui, soit pour éviter une déclaration de faillite,
soit pour toute autre cause. C'est donc un point constant que la mauvaise foi du tiers n'est pas suffisamment établie par le caractère personnel de la dette que
le gérant a payée en acceptant une traite de la signature sociale.

Telle est d'ailleurs la seule règle, ou plutôt la seule
bservation générale que la jurisprudence ait cru de-
ovoir formuler. Pour le surplus la question doit être résolue d'après les circonstances spéciales. Cela est si
vrai que la solution pourra être différente, les faits étant
d'ailleurs semblables, parce que la mauvaise foi du prétendu créancier aura été démontrée dans un cas et non
dans l'autre. Si, par exemple, le débiteur vient à cons-
tituer une société et qu'il remette à son créancier, pour
une dette antérieurement contractée, un titre revêtu de
la signature sociale, la société sera, tantôt engagée,
tantôt libre de tout engagement envers lui. Dans une
première affaire de ce genre, il fut jugé que le créancier savait que les autres associés n'avaient nullement
accepté cette combinaison (Cass., 24 janvier 1853). Dans
une autre affaire, le créancier eut au contraire gain de
cause : « Attendu que, s'il résulte des constatations de
« l'arrêt attaqué que le billet souscrit de la raison sociale

« Lemichez frères et Cie par l'un des frères Lemichez
« au profit du sieur Deseine avait pour cause une dette
« antérieure à la formation de la société, l'arrêt cons-
« tate en même temps qu'au moment où il recevait ce
« billet en paiement de sa créance, Deseine était *de*
« *bonne foi* et que toutes les circonstances l'autorisaient
« à croire que le souscripteur n'usait ainsi de la signa-
« ture sociale pour l'acquit d'une dette qui lui était
« personnelle que du consentement de ses associés et
« dans l'intérêt concerté de la société ; qu'à la vérité
« l'une des clauses insérées dans le pacte social portait
« que les dettes personnelles des associés restaient
« exclusivement à la charge de celui qui les avait con-
« tractées ; mais que cette clause, non reproduite dans
« l'extrait publié, demeurait ignorée des tiers, et ne
« saurait par conséquent infirmer les déclarations de
« l'arrêt attaqué ; que d'ailleurs ces déclarations trou-
« veraient au besoin leur confirmation dans cette men-
« tion de l'extrait que la société nouvelle était la con-
« tinuation de l'ancienne société Lemichez frères ;
« qu'en effet, en voyant cette société prendre l'actif de
« celle à laquelle elle se substituait, les tiers devaient
« supposer que, par une juste réciprocité, elle accep-
« tait également son passif; que, la bonne foi de Deseine
« étant reconnue, c'est avec toute raison que l'arrêt
« attaqué a déclaré la société obligée vis-à-vis de lui
« par la signature sociale. » (Cass., 21 février 1860.)

Si l'on examine la jurisprudence dans son ensemble,
on se convainc qu'elle est favorable aux créanciers de
la société qui ont traité avec un gérant infidèle, parce
que le plus souvent les circonstances ne leur ont pas
permis de deviner l'improbité de ce gérant. En somme,
elle ne repousse les demandes en paiement de cette
nature qu'autant que « l'abus sera constant » (Cassat.,
31 octobre 1887), « qu'autant, dit une autre décision,
que la société réussira à démontrer que les tiers béné-
ficiaires de l'engagement litigieux connaissaient *l'abus
de la signature et le caractère frauduleux de l'engagement* ».

Comprenant les dangers auxquels ils sont exposés
de ce chef, certains membres de sociétés en nom collectif ont introduit dans les statuts une clause ayant
pour but de restreindre les pouvoirs du gérant et, par
exemple, de lui défendre de traiter à crédit et de signer
des effets de commerce. Une telle clause est-elle opposable aux tiers ? Il semble que oui, à la condition
qu'elle ait été publiée. Cependant on l'a contesté et
même la Cour de Paris avait proclamé la nullité de
cette clause, par le motif que, la disposition de l'article 22 étant d'ordre public, il était impossible d'en restreindre les effets par une convention particulière.
Mais la Cour de cassation la déclara valable. Il s'agis-
sait spécialement dans l'affaire d'une clause portant
qu'il ne pourrait jamais être créé de billets ni fait aucune traite pouvant engager la société même avec le
concours et la signature des deux associés en nom collectif, sous peine de nullité pour les tiers. « Il appar-
« tient, dit la Cour suprême, aux parties contractantes,
« après avoir pourvu au règlement des achats et ventes
« et aux besoins de l'administration, de limiter, dans leur
« intérêt collectif ou individuel, les pouvoirs des asso-
« ciés gérants, en leur interdisant certains actes détermi-
« nés ; cette interdiction, obligatoire entre associés , est
« devenue également opposable aux tiers *par suite de*
« *la publicité que l'acte de société est reconnu, en*
« *fait, avoir régulièrement reçue* (Cassat., 22 dé-
« cembre 1874. Dall. 1875, 1.255).

En pratique, des clauses de ce genre présentent de
graves difficultés pour les sociétés qui les insèrent
dans leurs statuts, car elle sont de nature à gêner la
gestion des affaires sociales. Le gérant a besoin de tous
les pouvoirs que comporte normalement l'administration d'une entreprise industrielle, et d'ailleurs ces res-
trictions témoignent d'une méfiance qui s'accorde mal
avec l'idée même d'association. Aussi abandonne-t-on
actuellement ces clauses restrictives pour stipuler simplement que le gérant ne pourra faire usage de la signature sociale que pour les affaires de la société.
Cette nouvelle clause peut-elle être opposée aux tiers ?

Doit-on reconnaître à la société; en vertu de cette stipulation, le droit de résister à la demande en paiement formée contre elle par le porteur d'une traite revêtue de la signature sociale, en faisant valoir que l'affaire à l'occasion de laquelle elle a été créée ne concernait pas l'intérêt social?

Si l'on applique les principes qui viennent d'être exposés, on est amené à considérer cette clause comme nulle et non avenue au regard des tiers. De deux choses l'une en effet : ou bien le porteur de la traite litigieuse est de bonne foi, auquel cas la loi déclare la société tenue envers lui; ou bien la société démontrera sa mauvaise foi et fera repousser sa demande. La clause en question aurait pour conséquence d'ajouter une condition à celles dont la loi se contente pour déclarer la société engagée. Dans le système du législateur, il suffit que la signature sociale ait été donnée et que le porteur soit de bonne foi. Avec une semblable clause, ces conditions ne seraient plus les seules et il faudrait en outre qu'il fût justifié que l'affaire à propos de laquelle la signature sociale a été donnée concernait bien la société. Autrement dit on ajoute à la loi, et, comme la disposition de l'article 22 est d'ordre public, cette addition ne saurait être considérée comme valable.

On peut observer de plus qu'une semblable clause serait de nature à jeter un trouble profond dans les relations commerciales. Il est le plus souvent impossible à celui qui traite avec le gérant d'une société de savoir quel est exactement le caractère de l'opération qu'ils négocient, et si elle intéresse la société ou le gérant personnellement. Voici un gérant qui emprunte au banquier une somme d'argent sous la signature sociale. Comment le banquier pourrait-il s'assurer de la destination et de l'emploi des fonds? On voit, par cet exemple pris entre beaucoup, que, si cette clause était admise, c'en serait fini de la sécurité qu'exigent les transactions commerciales et qu'en outre les sociétés en nom collectif auraient vite perdu tout crédit. C'est une raison de plus pour persister dans l'opinion qui nie la validité de cette clause.

Les auteurs partagent tous cet avis. Ils font observer qu'il n'y aurait plus de sécurité pour ceux qui traitent avec une société en nom collectif si l'on admettait une pareille restriction. Comment les tiers peuvent-ils savoir d'une manière certaine que telle opération concerne bien la société et non pas l'un des associés personnellement? C'est là un secret qui leur échappe. Il convient donc de repousser la validité d'une clause qui va à l'encontre de tous les principes qui précèdent et qui rendrait les transactions commerciales dangereuses pour quiconque traiterait avec une société en nom collectif.

C'est dans le même sens que s'est prononcée la Cour de Paris le 10 août 1880 :... « Considérant qu'aux « termes de l'article 22 C. com., les associés en nom « collectif sont solidaires pour tous les engagements de « la société, encore qu'un seul des associés ait signé, « pourvu que ce soit sous la raison sociale ; que, si « l'acte de société Trotry-Latouche frères porte que « tout engagement étranger aux affaires de la société « souscrit par l'un des associés n'engagera pas la « société, cette stipulation n'affecte que les relations « des associés entre eux, qui se doivent compte réci- « proquement de l'usage qu'ils auront fait de la signa- « ture sociale, mais ne saurait invalider le titre du « sieur Pipaut revêtu de la signature sociale donnée « par celui qui avait pouvoir de la donner et pendant « l'existence de la société ; que la connaissance don- « née aux tiers par publication régulière des clauses et « conditions qui régissaient la société ne porte pas « atteinte aux droits du sieur Pipaut, si l'on n'apporte « pas en même temps la preuve de la mauvaise foi de « celui-ci ; que, s'il suffisait en effet, pour faire annuler « les engagements pris sous la raison sociale, d'invo- « quer, comme dans l'espèce, la clause susénoncée de « l'acte de société et la publicité qui lui a été donnée, « sans autre preuve de la connivence des tiers, ceux-ci, « menacés de collusion et impuissants à surveiller

« l'emploi des fonds versés sous le couvert de la signa-
« ture sociale, refuseraient de contracter avec les asso-
« ciés, et la masse des affaires se trouverait ainsi para-
« lysée ; que rien dans le titre lui-même n'indiquait
« au sieur Pipaut qu'en contractant sous la raison
« sociale, X .. ne contractait que dans son intérêt
« exclusif ; qu'il n'est pas davantage démontré ni
« même allégué que Pipaut ait connu les manœuvres
« à l'aide desquelles X... se procurait des fonds au
« détriment de la société... »

La Cour de cassation, trop souvent timorée, a reculé
devant la question de droit à résoudre et n'a vu là
qu'une difficulté relative à l'interprétation d'une clause
des statuts : « Dans l'acte de société, il était dit que
« tout engagement étranger aux affaires sociales, sous-
« crit par l'un des associés avec la signature sociale,
« n'obligerait pas la société ; cette clause avait quelque
« chose d'obscur et d'ambigu et le juge du fait a pu
« l'interpréter en ce sens que l'engagement dont il s'a-
« git, une fois acquitté par la société, donnerait lieu en
« faveur de celle-ci à un recours contre l'associé sous-
« cripteur... » (22 juin 1881, D. 1882, 2. 133.) Malgré
la réserve, regrettable d'ailleurs, qu'a observée la
Cour de cassation, on peut dire que telle est l'opinion
couramment admise en jurisprudence. Que la clause
dont s'agit existe ou n'existe pas dans les statuts,
la solution reste exactement la même : la signature
sociale engage la société au regard des tiers de
bonne foi. (V. notamment Amiens, 16 février 1901,
Journ. des Soc., 1901, 369.)

On trouve cependant l'opinion contraire dans certaines décisions des tribunaux de commerce qui s'en
tiennnent à cette notion élémentaire que toute clause
des statuts est opposable aux tiers du moment qu'elle
a été publiée. Ils en concluent qu'il peut être du devoir
du créancier de s'entourer de renseignements et de
vérifier si cette convention lui permettait de faire foi
à la signature donnée par le gérant, sans s'assurer du
consentement des autres associés. C'est là un raison-
nement inexact. Si en effet la clause dont s'agit est

nulle, les tiers n'ont point à s'en préoccuper, et la seule question est de savoir si celui qui a traité avec le gérant était de bonne ou de mauvaise foi. Elle doit être résolue exclusivement d'après les circonstances de fait et sans qu'on impose aux tiers aucune obligation quelconque de surveiller l'emploi de leurs fonds.

**

Toutefois, il semble que la jurisprudence tende à s'écarter plus ou moins de cette doctrine lorsque, la société étant tombée en liquidation judiciaire ou en faillite, ce sont les créanciers sociaux qui résistent à la demande du porteur de bonne foi d'un engagement revêtu de la signature sociale. Du moins, il existe certaines décisions judiciaires qui n'admettent plus, en pareil cas, la règle qui précède.

Le premier des arrêts auxquels nous faisons allusion est un arrêt de la Cour de Paris, du 27 juillet 1898 : « Il appert de l'acte de société que L... ne pouvait faire « usage de la signature sociale que pour les affaires et « besoins de la société, sous peine de nullité à l'égard « des tiers; la société n'a pris charge en aucune façon « du passif de L... ; il s'ensuit qu'en acceptant lesdites « valeurs au nom de la société, L... a créé, pour le « compte de cette dernière, un passif étranger à son ex- « ploitation commerciale qui ne peut être opposable « au syndic; au surplus les demandeurs ne peuvent « exciper de leur ignorance à cet égard, alors que l'acte « constitutif a été publié conformément à la loi; il res- « sort dès lors de ce qui précède que les engagements « pris en l'espèce par L... sont nuls et ne peuvent être, « par suite, opposables aux créanciers sociaux, les- « quels ont fait foi aux énonciations contenues dans le « pacte social... »

Il resterait à démontrer pourquoi le passif créé par le gérant qui a abusé de la signature sociale ne peut être opposé au syndic. Nous n'en voyons pas la raison. D'après ce qui vient d'être dit, l'engagement de la société prend naissance au moment du contrat intervenu entre le gérant et celui avec qui il a traité, car « celui

qui a donné mandat est censé avoir traité lui-même. »
Comment dès lors, pourrait-il se faire que cet engage
ment soit subordonné au maintien de la prospérité de
la société et qu'il disparaisse si elle tombe en faillite ?
La Cour semble admettre que cette clause est opposable aux tiers par cela seul qu'elle a été publiée. C'est
donc qu'elle la considère comme valable ! Mais alors
elle se met en contradiction avec l'unanimité de la
jurisprudence, et cela sans donner des raisons à l'appui
de cette opinion divergente.

Rélativement à une autre clause conçue dans le
même but, la Cour de Douai a rendu récemmment un
arrêt qui, lui aussi, mérite des critiques. Il paraît qu'il
est d'usage dans le Nord de stipuler que la signature
sociale n'engagera la société qu'autant qu'elle aura
pour objet des affaires intéressant cette société elle-
même et inscrites sur ses livres ; en conséquence,
ajoutent les statuts, tous billets, lettres de change et
généralement tous engagements devront, pour être
valables et obliger la société, exprimer la cause pour
laquelle ils ont été consentis. Une semblable clause
est-elle valable et opposable aux tiers ?

A notre avis, il convient d'en examiner séparément les
deux parties différentes. La première partie renferme
une convention que la jurisprudence tient pour non
avenue. Il importe peu qu'on ajoute que les affaires à
l'occasion desquelles la signature sociale sera donnée
devront être inscrites sur les livres, car les tiers n'ont
aucun moyen de le vérifier, de sorte que cette dernière
stipulation ne saurait pas davantage leur être opposée.
Reste la seconde partie, dans laquelle on stipule que
tous les billets et engagements devront, pour être valables au regard de la société, exprimer la cause pour
laquelle ils auront été créés. Cette stipulation est in-
contestablement valable. Au surplus elle ne fait que
reproduire la disposition de l'article 110 du Code de
commerce, d'après lequel « la lettre de change énonce...
« la valeur fournie en espèces, en marchandises, en
« compte, ou de toute autre manière », autrement dit
la cause pour laquelle elle a été créée. Tout contrat doit

avoir une cause ; il n'est donc que très naturel de demander qu'elle soit exprimée nettement dans l'acte qui le constatera.

La Cour de Douai ne paraît pas avoir eu un seul instant le moindre doute sur la valité de la première partie de cette clause ; elle a simplement constaté que les statuts avaient été publiés et en a conclu que la clause était opposable aux tiers. Puis, examinant la question de fait, elle l'a résolue de la manière suivante, qui a provoqué de nombreuses critiques : ... « Attendu « que les mentions apposées sur les valeurs litigieuses, « bien que suffisantes en droit, ne font pas connaître « la cause pour laquelle elles ont été souscrites ; qu'en « effet les trois premières sont causées de la façon la « plus vague et la plus indéterminée : *valeur en marchandises* ou *valeur en compte*; que la quatrième « seule offre quelque précision dans sa cause, qui est « indiquée : *valeur en règlement de compte et pour* « *solde* ; mais attendu que cette mention ne fait pas « suffisamment connaître dans le sens de l'article 7 du « pacte social la cause pour laquelle el e a été sous- « crite... ; que c'est donc à tort que les premiers juges « ont admis X... au passif chirographaire de la société « en liquidation judiciaire... »

Suivant son habitude, la Cour de cassation n'a vu là, cette fois encore, qu'une question d'interprétation de statuts, que les juges du fait avaient résolue souverainement: « ...En décidant, dans ces circonstances, que la « mention « valeur en marchandises », « valeur en « compte », « valeur en règlement de compte et pour « solde » ne permettait pas de distinguer si les lettres « de change litigieuses avaient été créées pour des af- « faires intéressant la société et en refusant, en consé- « quence, de les admettre au passif de la société, la « décision attaquée a fait du pacte social une appré- « ciation qui échappe au contrôle de la Cour de cassa- « tion ». (5 novembre 1900, D. 1902. 1. 5, avec disser- « tation intéressante de M. Thaller).

Si on laisse de côté la discussion de cette question d'espèce, on constatera qu'aucun de ces deux arrêts ne justifie son opinion par une raison de droit. L'article 22 contient une disposition générale, du bénéfice de laquelle sont seuls exclus les tiers de mauvaise foi. La survenance de la liquidation judiciaire ou de la faillite n'entraîne, dans le silence du texte, aucune exception à cette règle. D'ailleurs, toute clause contraire étant nulle, peu importe qu'elle ait été publiée ; la situation juridique des tiers n'en sera nullement modifiée. Aussi croyons-nous qu'on doit tenir ces deux décisions comme des arrêts d'espèce et qu'il faut continuer de considérer comme inopposable aux tiers, quoi qu'il arrive, la clause d'après laquelle la société ne serait engagée par la signature sociale qu'autant qu'elle aurait été donnée pour les besoins et les affaires de la société.

PARIS

IMPRIMERIE TYPOGRAPHIQUE JEAN GAINCHE

15, rue de Verneuil